쏙쏙 World 그림지도

지도 위 쏙쏙 세계여행
액티비티북
영국

다양한 놀이를 통해 떠나는 신나는 모험!
영국 문화 탐험

특허받은 5단계 교육시스템

영국, 연상기억법으로 쉽고 재미있게 배워요!

기억은 학습의 시작이에요. 어떤 정보를 학습하기 위해서는 먼저 그 정보를 기억해야 합니다. 기억하지 못한다면 학습이 불가능하지요. 특히, 세계지리나 역사를 처음 접할 때 나라 이름부터 지명, 문화 등 모든 것이 낯설고 복잡하게 느껴질 수 있습니다. 하지만 이 책에는 재미있고 쉽게 배울 수 있는 비밀이 담겨 있어요. 바로 보기만 해도 저절로 기억되는 특허받은 교육시스템입니다.

이 교육시스템은 연상기억법을 이용하여 주요 키워드를 그림과 이야기로 익히는 방법이에요. 기존의 학습과는 차별화된 과학적인 방법으로, 정보를 쉽게 이해하고 기억하는 능력을 키워줍니다. 따라서 독자는 이 책을 보기만 해도 자연스럽게 정보를 기억할 수 있습니다.

이 책은 영국과 관련된 키워드를 그림지도와 함께 학습하는 활동북입니다. 색칠하기, 스티커 붙이기, 길 찾기 등 여러 활동으로 지루할 틈 없이 영국을 탐험합니다. 아이작 뉴턴, 찰스 다윈, 빅벤 등 영국의 세계적인 인물들과 역사적 건축물을 컬러풀한 사진과 함께 만나보세요. 영국을 여행하듯 학습하다 보면 영국의 지도와 문화, 수도, 지리적 특성까지 선명하게 떠오르는 신기한 경험을 할 수 있을 거예요.

이 책이 여러분에게 영국의 다양한 문화에 대한 이해를 높이고, 놀이를 통해 배우는 즐거움을 선사하기를 바랍니다. 영국을 여행하며 새로운 지식을 얻는 즐거움을 느껴보세요.

STEP 1
영국의 지도를 영국을 대표하는 이미지로 표현했어요. 그림지도는 실제 지도의 모양과 수도의 위치를 쉽게 기억할 수 있도록 도와줍니다.

STEP 2
키워드를 중심으로 영국의 문화와 정보를 익혀요. 키워드 학습법은 학습 내용을 핵심적인 단어로 요약하여 제시하기 때문에 쉽게 이해할 수 있답니다.

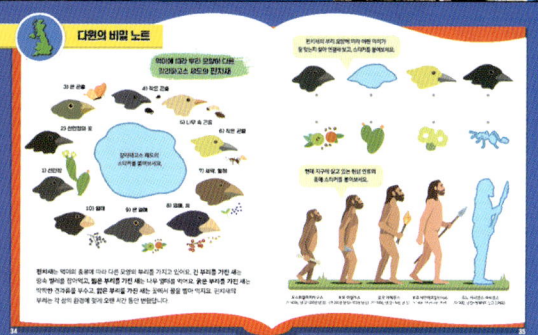

STEP 3
STEP 2에서 학습한 키워드를 복습하며 다양한 활동을 통해 흥미를 유발합니다. 낯설고 복잡했던 학습 정보가 쉽고 재미있게 기억된답니다.

STEP 4
위에서 학습한 키워드를 한 장의 그림과 이야기로 다시 한번 반복합니다. 번호 순서대로 이야기를 따라가 보세요. 그림과 함께 키워드가 자연스럽게 떠오를 거예요.

STEP 5
그림지도와 실제 지도를 비교하며 지리를 익혀요. 지루하고 어려웠던 지도의 주요 지명과 정보는 그림지도와 함께 자연스럽게 기억된답니다.

이렇게 활용해 보세요.

다윈의 비밀 노트

영국과 관련된 주요 키워드를 이미지와 함께 학습해 보세요.

먹이에 따라 부리 모양이 다른 갈라파고스 제도의 핀치새

갈라파고스 제도의 스티커를 붙여보세요.

1) 선인장
2) 선인장의 꽃
3) 큰 곤충
4) 작은 곤충
5) 나무 속 곤충
6) 작은 곤충
7) 새싹, 열매
8) 열매, 씨
9) 큰 열매
10) 열매

키워드와 관련된 내용이 자세하게 설명되어 있어요.

핀치새는 먹이의 종류에 따라 다른 모양의 부리를 가지고 있어요. **긴 부리를 가진 새**는 땅속 벌레를 잡아먹고, **짧은 부리를 가진 새**는 나무 열매를 먹어요. **굵은 부리를 가진 새**는 딱딱한 견과류를 부수고, **얇은 부리를 가진 새**는 꽃에서 꿀을 빨아 먹지요. 핀치새의 부리는 각 섬의 환경에 맞게 오랜 시간 동안 변했답니다.

핀치새의 부리 모양에 따라 어떤 먹이가 잘 맞는지 찾아보고, 스티커를 붙여보세요.

문제를 풀어보며 학습한 키워드를 확인해 보세요.

현재 지구에 살고 있는 현생 인류의 종을 찾고 스티커를 붙여보세요.

오스트랄로피테쿠스　　호모 하빌리스　　　호모 에렉투스　　　호모 네안데르탈렌시스　호모 사피엔스 사피엔스
(약 400만 년 전~200만 년 전)　(약 280만 년 전~150만 년 전)　(약 180만 년 전~14만 년 전)　(약 40만 년 전~4만 년 전)　(약 30만 년 전~현재까지 살고 있어요)

도서 가장 마지막에 스티커가 수록되어 있어요. 스티커를 붙이며, 쉽고 재미있게 학습해 보세요.

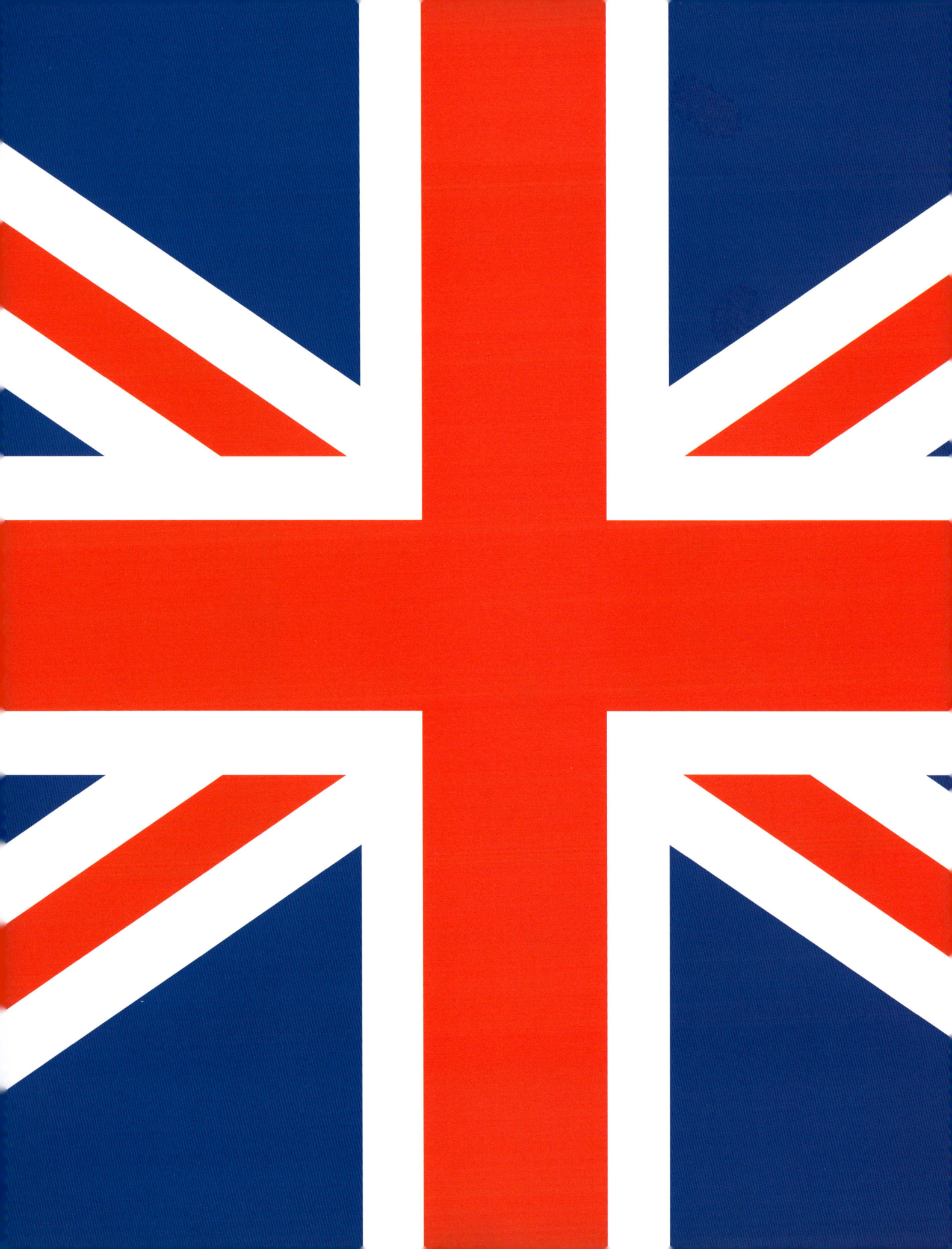

Let's go 영국

영국의 지도 모양은 엘리자베스 1세 ············ 10	창조되었을까? 진화했을까? ···· 32
왕의 나라 ····················· 12	다윈의 비밀 노트 ············· 34
영국을 이루는 나라 ············ 14	산업혁명 ····················· 36
여왕의 왕관 찾기, 영국의 국기 ·· 16	산업혁명의 선구자 ············ 38
영국 민주주의의 상징 ·········· 18	칙칙폭폭 세계로 세계로 ········ 40
우리집 대헌장 만들기 ·········· 20	산업혁명 전후 삶의 변화 ······· 42
칼레 해전 ····················· 22	대영 제국 ····················· 44
바다를 통해 세계로 ············ 24	영국의 제국주의 ··············· 46
위대한 과학자 뉴턴 ············ 26	제국주의의 어두운 그림자 ······ 48
사과는 땅으로 떨어지는데 달은? 28	한 장의 그림으로 기억하는 영국 키워드 ············· 50
진화론의 아버지 다윈 ·········· 30	그림지도로 기억하는 영국 지리 · 52

서유럽
영국

영국의 수도 런던
옛것과 새것이 조화를 이룬 도시
런던 시청 건물과 호텔, 상업중심지구

그레이트 브리튼과 북아일랜드 연합왕국
United Kingdom of Great Britain and Northern Ireland

- **수도:** 런던
- **면적:** 243,610km² (대한민국의 2.4배)
- **인구:** 67,961,439명 (2024년 기준)
- **종교:** 기독교 (성공회)
- **언어:** 영어
- **국화:** 공식 국화 없음 (잉글랜드: 장미)

영국의 지도 모양은 엘리자베스 1세

엘리자베스 1세는 16세기 영국의 여왕이에요. "나는 영국과 결혼했다."라고 선언한 그녀는 결혼하지 않고 나라를 위해 많은 일을 했답니다. 그녀는 뛰어난 재능으로 영국을 강한 나라로 만들었어요. 특히, 종교 문제를 해결하고 무역을 통해 영국의 경제를 발전시켰어요. 그리고 스페인 무적함대를 물리치고 바다의 주인이 되었답니다. 또한, 문학과 예술을 후원하여 영국 문화의 발전을 이끌었어요. 엘리자베스 1세는 영국 역사상 가장 위대한 군주로 기억되고 있답니다.

유럽 속 영국, 영국의 그림지도

영국의 발전을 향해 힘차게 걸어가는 엘리자베스 여왕을 상상해 보세요. 그리고 여왕을 닮은 영국 지도를 스티커로 붙여보세요. 엘리자베스 여왕의 검은 드레스 밑단에 달린 작은 보석은 영국의 수도 런던이 위치하는 곳이에요. 템스강은 런던을 가로지르며 북해로 흘러갑니다.

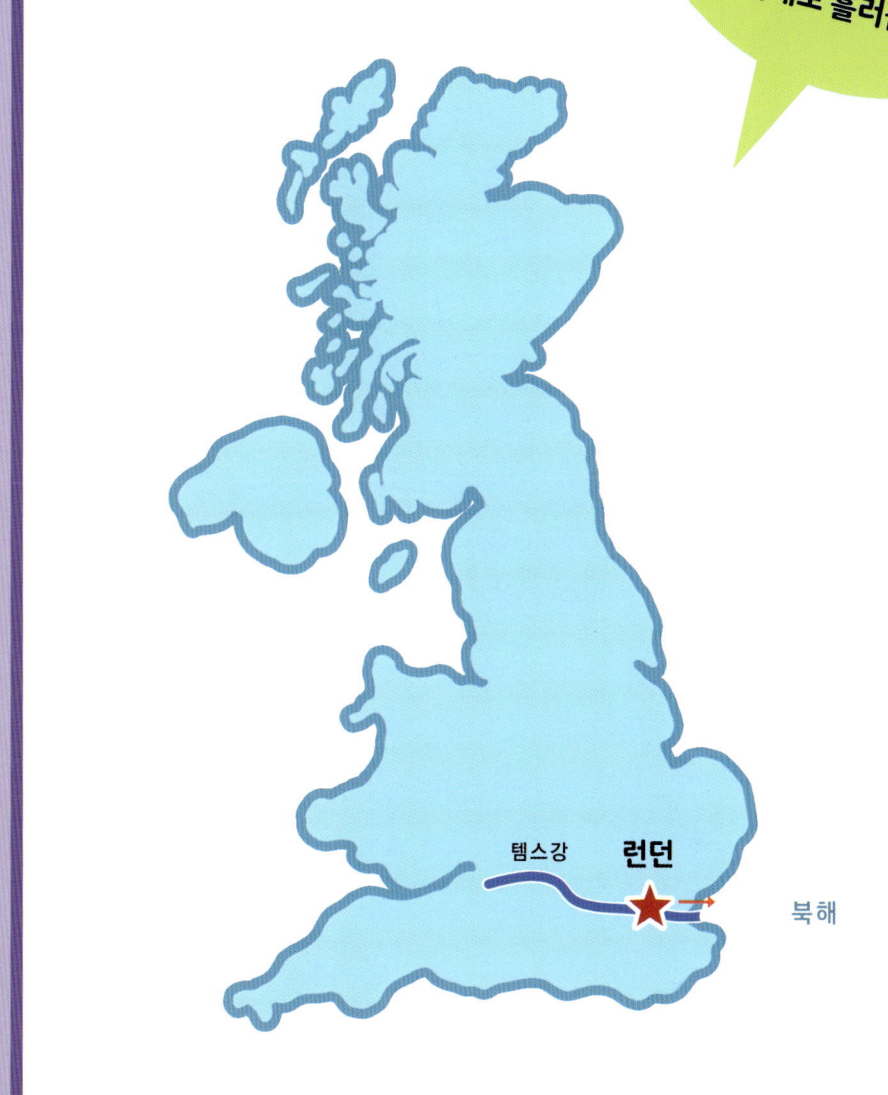

4개국의 연합국가
잉글랜드, 스코틀랜드
웨일스, 북아일랜드 위치

왕의 나라

오랜 역사와 전통을 자랑하는 나라 영국!

통합과 애국의 상징 여왕

어서 와!! 영국은 처음이지?

영국은 잉글랜드, 스코틀랜드, 웨일스, 북아일랜드 네 나라가 모여서 이루어진 나라예요. 이 나라들은 각자의 역사와 문화, 언어를 가지고 있답니다. 영국은 1707년에 스코틀랜드와 잉글랜드가 합쳐져서 만들어졌어요. 지금은 네 나라가 함께 살고 있지요. 영국은 왕이 나라를 대표하는 나라예요. 그런데 왕은 나라를 직접 다스리지는 않아요. 대신 국회와 총리가 나라를 다스립니다. 하지만 **왕은 영국을 하나로 묶어주는 상징적인 지도자**예요. 그리고 캐나다, 오스트레일리아, 뉴질랜드 같은 나라에서도 영국의 왕이 나라를 대표하고 있답니다.

영국을 이루는 나라

잉글랜드: 영국에서 가장 큰 나라
잉글랜드 수도: 런던

스코틀랜드: 잉글랜드 북쪽에 위치한 나라
스코틀랜드 수도: 에든버러

웨일스: 잉글랜드 서쪽에 위치한 나라
웨일스 수도: 카디프

북아일랜드: 잉글랜드 북서쪽에 위치한 나라
북아일랜드 수도: 벨파스트

여왕의 왕관 찾기, 영국의 국기

위 그림과 다른 부분 4곳을 찾아 아래 그림에 동그라미 해보세요.

노란색 길을 따라 여왕님께 왕관을 전해 주세요. 그리고 빈칸에 영국을 이루는 나라의 이름을 찾아 스티커로 붙여보세요.

런던

영국을 이루는 나라들의 국기예요. 단어를 완성해 보세요.

___랜드   스코틀___   웨일___   북___랜드

영국의 국기는 잉글랜드, 스코틀랜드, 북아일랜드의 국기를 조합하여 만들었어요. '유니언 잭'으로 불리는 영국의 국기를 스티커로 붙여보세요.

영국 민주주의의 상징

마그나 카르타 (대헌장)

마그나 카르타는 1215년 영국의 존 왕이 귀족들의 요구를 받아들여 서명한 문서예요. 마그나 카르타는 왕의 권력을 제한하고, 국민의 권리를 보장하는 내용을 담고 있어요.

영국 의회의 상징
국회의사당 (웨스트민스터 궁)
엘리자베스 타워 (빅벤)

영국의 민주주의

마그나 카르타는 왕도 법 앞에서 평등하다는 생각을 처음으로 세상에 알린 문서였어요. 오늘날 우리가 '민주주의'라고 부르는 정치 체제의 기초가 되었지요. **영국 의회**는 국민을 대표해서 법을 만들고, 정부를 감시하는 일을 하고 있어요. 그래서 영국 의회는 민주주의의 상징이라고 할 수 있답니다.

우리집 대헌장 만들기

영국 대헌장 내용이 올바르게 들어간 종이를 찾아보세요.

"왕을 포함한 모든 영국인은 법의 원칙에 따라야 한다."

"왕은 법에 따라 마음대로 할 수 있고 공정한 재판을 받을 권리는 국왕에게만 있다."

1215년 영국 왕 존

"영국인은 법의 원칙을 따라야 한다. 그러나 왕은 법의 원칙을 따르지 않아도 된다."

"왕은 정당한 이유 없이 함부로 사람들의 재산을 가져갈 수 있다."

1215년 영국 왕 존

"왕을 포함한 모든 영국인은 법의 원칙에 따라야 한다."

"왕 또한 법률을 따라야 하며 모든 사람은 공정한 재판을 받을 권리가 있다."

1215년 영국 왕 존

영국과 관련된 낱말을 찾아보세요.

- 엘리자베스 1세
- 대헌장
- 웨일스
- 스코틀랜드
- 잉글랜드
- 마그나 카르타

마	그	나	카	르	타	북	스
법	아	래	웨	잉	아	법	코
여	왕	법	원	일	글	일	틀
대	헌	장	랜	칙	스	랜	랜
엘	리	자	베	스	1	세	드

20

> 가족 모두가 지켜야 할 원칙을 만들어 보세요.

우리집 대헌장
(마그나 카르타)

영국 대 스페인

1588년 영국과 스페인의 격돌
칼레의 위치

칼레 해전

영국! 최강 스페인 제국을 꺾다.

스페인 무적함대를 무찌른 엘리자베스 1세

나의 사랑하는 백성들이여~ 나는 그대들과 목숨을 함께 할 것이다.

아주 오래전, 스페인과 영국이 바다에서 큰 싸움을 했어요. 이 싸움을 '칼레 해전'이라고 부른답니다. 그 당시 스페인은 무적함대라고 불리던 크고 강한 배를 가지고 있었어요. 영국은 스페인만큼 강력한 함대는 없었지만, 영리하게 맞서 싸워 스페인을 이겼답니다. 그 결과 스페인의 힘은 약해지고 영국은 바다에서 새로운 강국으로 도약하는 기회를 얻게 되었습니다.

위대한 과학자 뉴턴

아이작 뉴턴 (1643~1727)

뉴턴은 아주 중요한 과학자예요. 그는 수학, 물리학, 천문학자로서 많은 발견을 했어요. 뉴턴의 발견들은 우리가 세상을 이해하는 방식에 큰 영향을 주었답니다.

내가 더 멀리 보았다면 이는 내가 거인들의 어깨 위에 서 있었기 때문이다.

만유인력의 법칙을 발견한 뉴턴

사과는 땅으로 떨어지는데 달은?

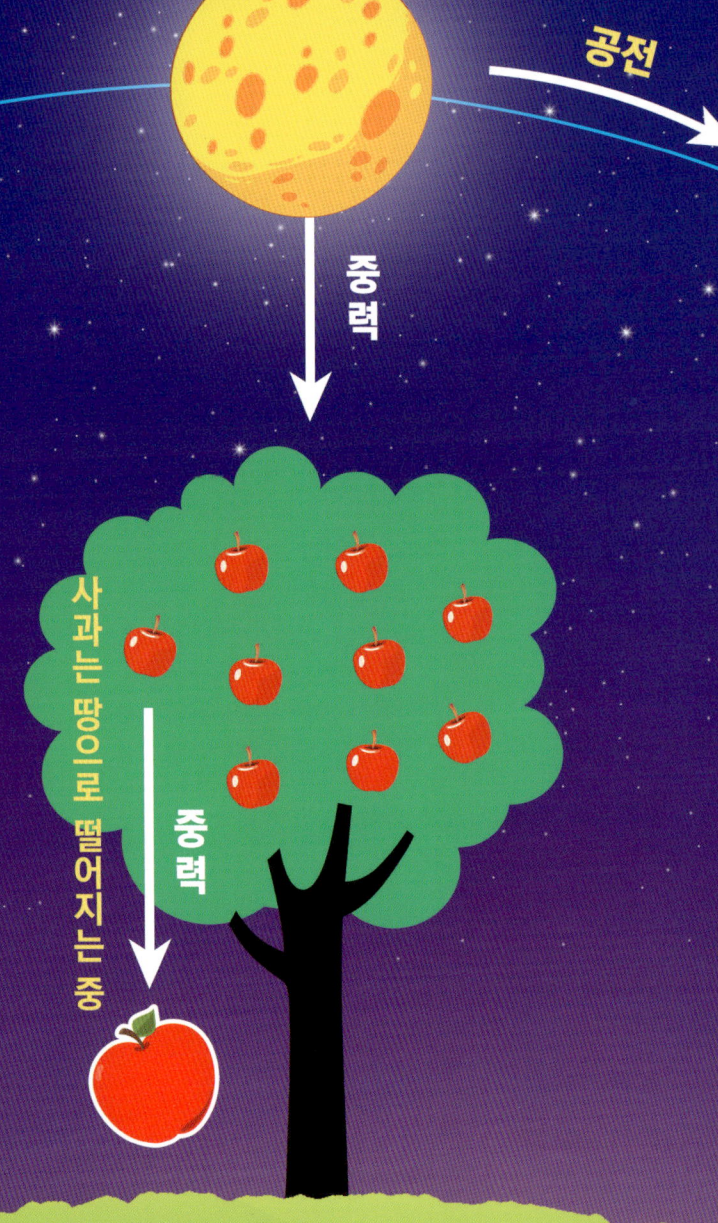

달이 지구 주위를 도는 이유는 지구가 달을 당기고 있기 때문이에요. 지구가 달을 당기는 힘은 달이 지구에 떨어질 만큼 강하지는 않아요.

아이작 뉴턴과 관련된 낱말을 찾아보세요.

아이작 뉴턴	뉴	운	프	린	키	피	아
중력	턴	운	동	법	칙	캠	이
운동법칙	끌	어	당	기	는	힘	작
프린키피아	과	학	작	중	칙	즈	뉴
만유인력	만	유	인	력	사	과	턴
끌어 당기는 힘							

사과나무에 달린 사과를 스티커로 붙여보세요.

만약 지구에 중력이 없다면 어떤 일이 일어날까요? 대부분의 물체는 둥둥 떠다니게 된답니다.
뉴턴의 책을 스티커로 붙이고 중력이 없는 세상을 상상해보세요.

땅이 없다면 사과는 아래로 아래로 계속 떨어질 거야. 사과야, 걱정하지 마! 내가 안전하게 받아 줄게.

중력 ↓

진화론의 아버지 다윈

찰스 다윈 (1809~1882)

다윈은 영국의 과학자예요. 그는 진화론이라는 학설을 만들었어요. 진화론은 세상의 모든 동물과 식물이 오랜 시간 동안 자연스럽게 변화하면서 지금의 모습으로 진화했다는 이야기랍니다.

다양한 환경에 적응한 동식물의 놀라운 진화 이야기

진화의 비밀을 간직한 갈라파고스 제도의 화산섬

갈라파고스 핀치새
먹이에 따라 다양하게 진화한 부리

갈라파고스 땅거북
육지 생존에서 유리한 돔형 등딱지

자연이 만들어낸 신기한 변화

1835년, 갈라파고스 제도를 방문한 찰스 다윈은 이곳의 동식물들을 연구했어요. 그는 그곳에서 섬마다 부리 모양이 다른 핀치새를 발견했지요. 거북이와 이구아나를 비롯한 여러 동물들을 관찰했습니다. 그리고 같은 종이라도 환경에 따라 다양한 모습으로 살아가는 것을 알게 되었답니다.

갈라파고스 바다거북
바다 생존에서 유리한 안장형 등딱지

갈라파고스 육지 이구아나
선인장과 식물을 먹기 위해 뾰족하게 진화한 주둥이, 화려한 몸 색깔

갈라파고스 바다 이구아나
해조류를 먹기 위해 뭉뚝하게 진화한 주둥이, 어두운 몸 색깔

창조되었을까? 진화했을까?

하나님이 마지막 날 무엇을 창조하셨을까요?
스티커로 붙여보세요.

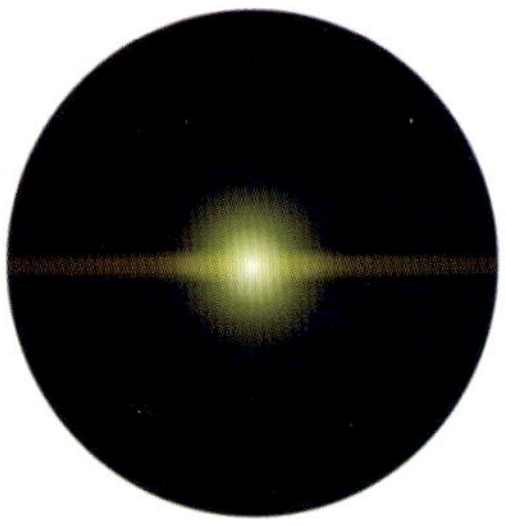

첫째 날: 빛

둘째 날: 물, 하늘

셋째 날: 땅, 바다, 식물

넷째 날: 태양, 달, 별, 우주 질서

다섯째 날: 바다와 하늘에 사는 생물

여섯째 날 : 땅에 사는 생물, 사람

창조설은 하나님이 6일 동안 모든 것을 창조했다고 믿는 기독교의 신앙이에요. 이것은 성경에 나오는 이야기와 관련이 있어요. 창조설은 하나님의 힘과 지혜를 믿는 사람들이 많이 믿어요.

진화론의 비밀을 간직한 갈라파고스 제도의 동물들을 스티커로 붙여보세요.

<종의 기원>은 찰스 다윈이 1859년에 쓴 책으로 우리가 어떻게 태어났는지에 대한 새로운 아이디어를 제시했어요. 다윈이 살던 시대의 사람들은 대부분 창조론을 믿었기 때문에 이 책은 당시 사람들에게 엄청난 충격을 주었지요. <종의 기원>은 생물학뿐만 아니라 사회 전반에 큰 영향을 주었답니다. 이 책은 지금도 '세계에서 가장 중요한 책' 중 하나로 손꼽힙니다.

오스트랄로피테쿠스　호모 하빌리스　호모 에렉투스　호모 네안데르탈렌시스　호모 사피엔스 사피엔스

진화론은 세상의 모든 생물들이 시간이 지나면서 변한다고 믿는 다윈의 이론이에요. 예를 들어, 인간과 원숭이는 옛날에는 같은 조상을 가지고 있었다고 해요. 하지만 오랜 시간이 흐르면서 서로 다른 모습으로 변화하게 되었죠. 이처럼 생물들이 시간이 지나면서 자연 선택을 통해 변화한다는 것이 진화론의 이론이에요.

다윈의 비밀 노트

먹이에 따라 부리 모양이 다른 갈라파고스 제도의 핀치새

3) 큰 곤충
4) 작은 곤충
2) 선인장의 꽃
5) 나무 속 곤충
6) 작은 곤충
1) 선인장

갈라파고스 제도의 스티커를 붙여보세요.

7) 새싹, 열매
10) 열매
9) 큰 열매
8) 열매, 씨

핀치새는 먹이의 종류에 따라 다른 모양의 부리를 가지고 있어요. **긴 부리를 가진 새**는 땅속 벌레를 잡아먹고, **짧은 부리를 가진 새**는 나무 열매를 먹어요. **굵은 부리를 가진 새**는 딱딱한 견과류를 부수고, **얇은 부리를 가진 새**는 꽃에서 꿀을 빨아 먹지요. 핀치새의 부리는 각 섬의 환경에 맞게 오랜 시간 동안 변했답니다.

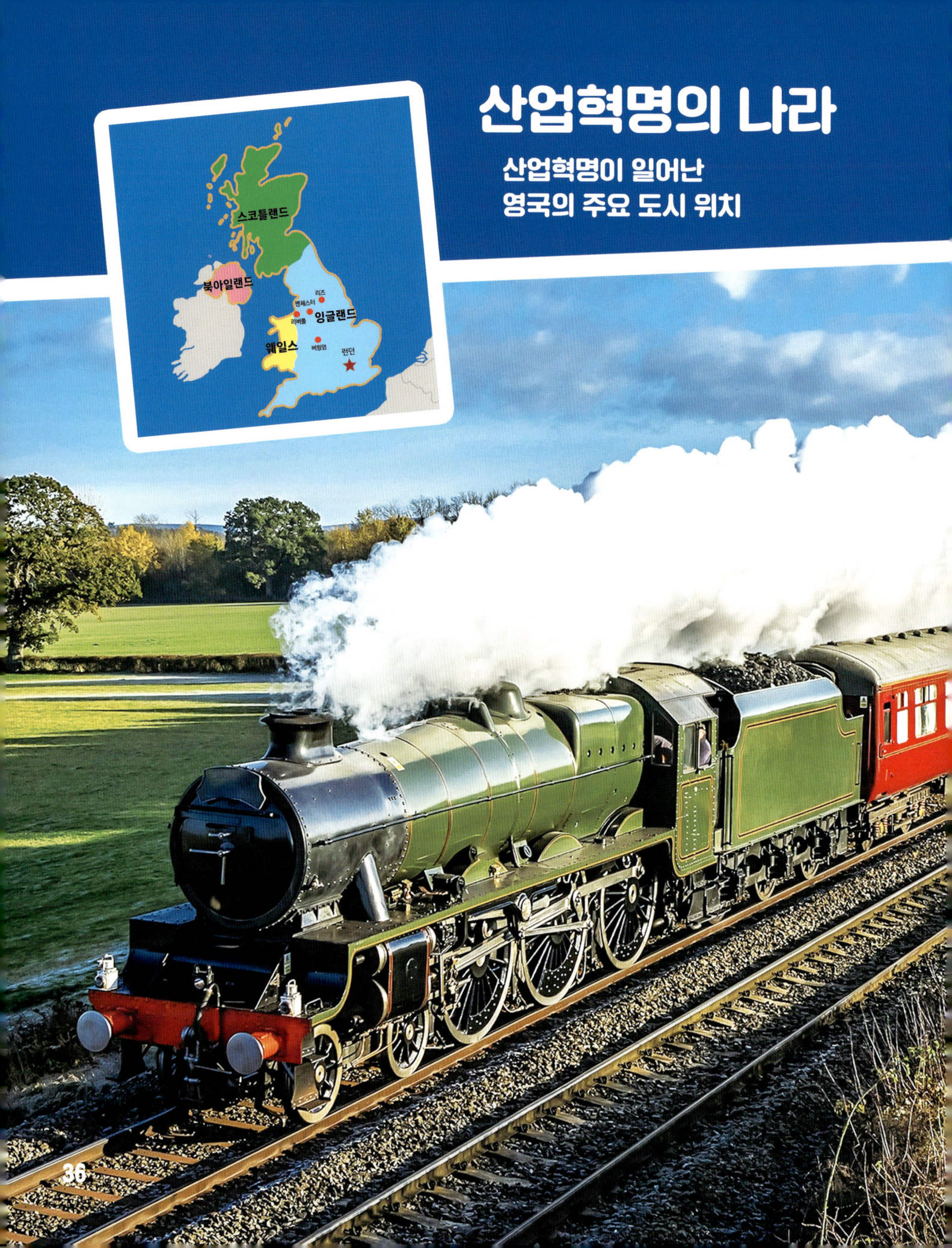

산업혁명의 나라

산업혁명이 일어난
영국의 주요 도시 위치

산업혁명

사람들의 생활 모습을 바꾼 기술의 혁명

농사는 그만, 공장으로 GO! GO!

우리의 세상이 변하고 있어, 기계의 힘으로!

산업혁명은 사람들이 손으로 일하는 대신 기계를 사용해서 물건을 만들기 시작한 시기를 말해요. 산업혁명 덕분에 사람들은 더 많은 물건을 만들 수 있게 되었고, 많은 사람들이 살 수 있는 도시가 생겨났어요. 또한, 기차, 배, 자동차와 같은 새로운 기계도 만들어졌고 사람들은 더 멀리 쉽게 여행할 수 있게 되었답니다. 오늘날 우리가 누리는 이 많은 편리한 생활은 산업혁명 덕분이라고 할 수 있어요.

산업혁명의 선구자

제임스 와트 (1736~1819)
발명가이자 기계공학자로, 증기 기관을 개량하여 산업혁명에 큰 영향을 주었어요. 그의 이름은 지금도 전기 단위인 '와트'에 사용되고 있어요.

세상을 더 풍요롭고 편리하게 변화시킨 스코틀랜드의 발명가

증기의 마법 우리 일상을 바꿔 놓은 힘!

산업혁명의 바퀴를 돌린 증기기관

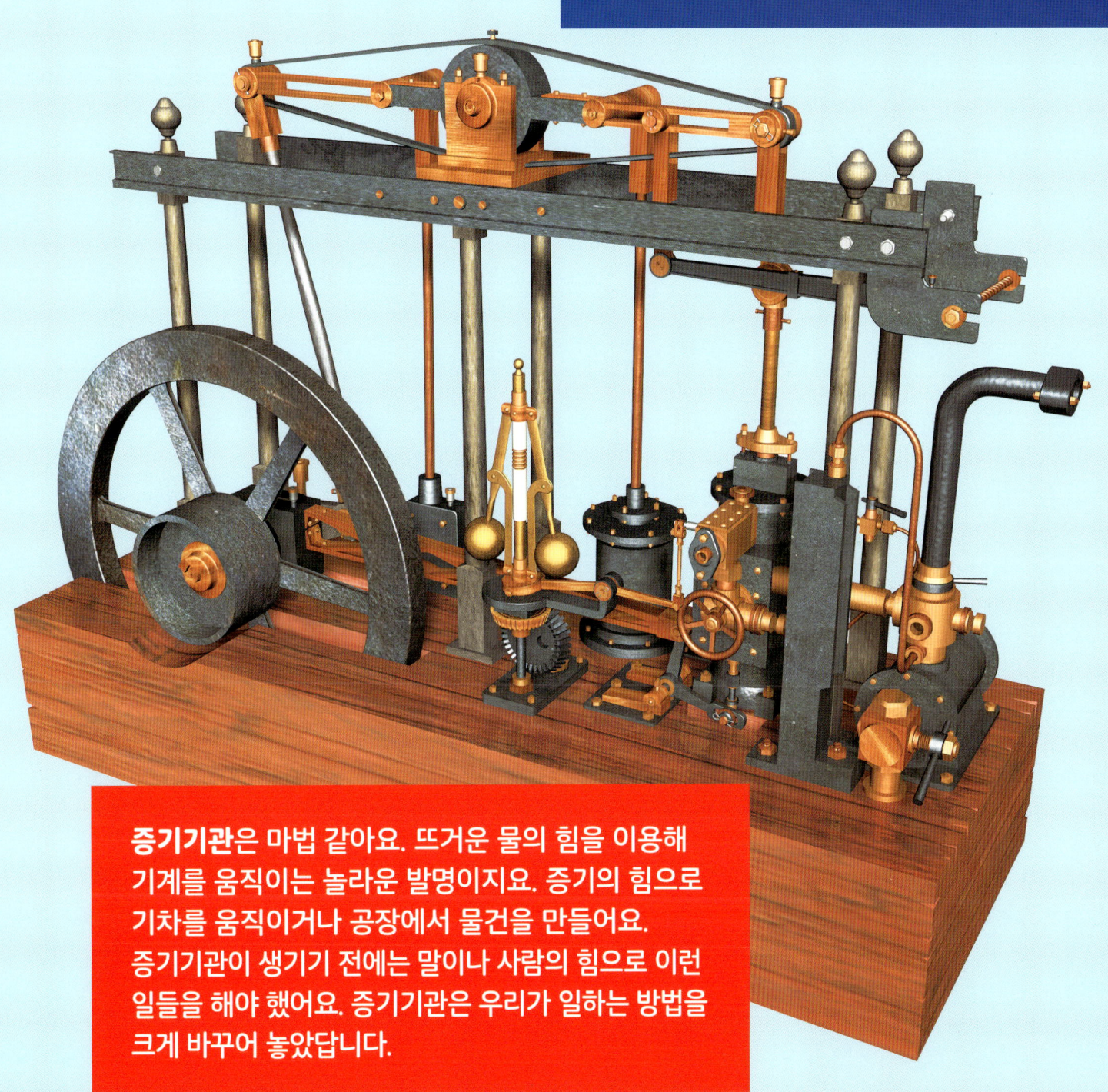

증기기관은 마법 같아요. 뜨거운 물의 힘을 이용해 기계를 움직이는 놀라운 발명이지요. 증기의 힘으로 기차를 움직이거나 공장에서 물건을 만들어요. 증기기관이 생기기 전에는 말이나 사람의 힘으로 이런 일들을 해야 했어요. 증기기관은 우리가 일하는 방법을 크게 바꾸어 놓았답니다.

칙칙폭폭 세계로 세계로

산업혁명을 이끈 증기기관차를 스티커로 붙여보세요.

증기기관차가 증기선에 닿도록 길을 찾아주세요.

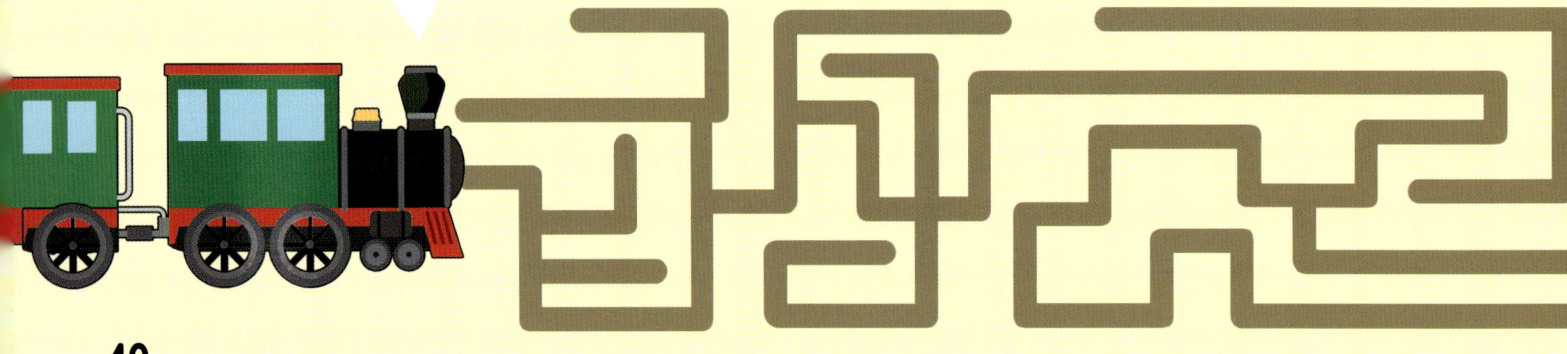

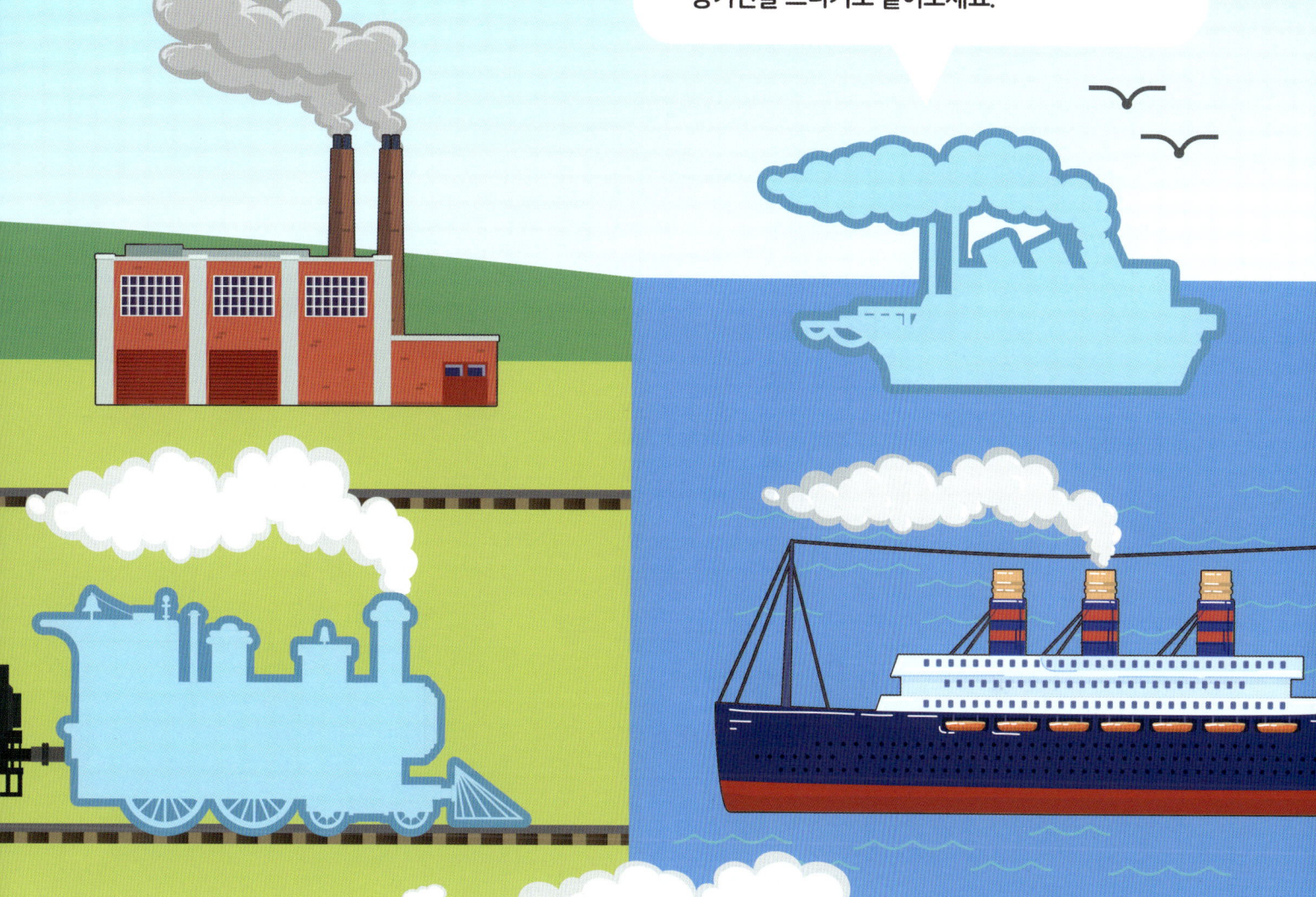

산업혁명 전후 삶의 변화

산업혁명이 시작되기 전, 영국의 많은 사람들은 가난한 농부로 살았어요. 그들은 넓은 들판에서 땀 흘려 곡식과 가축을 키우며 살았답니다. 푸른 하늘 아래 자연과 함께 살아가는 농부들은 서로 돕고 의지하며 따뜻한 마음을 나누었어요. 그림 속 사과나무 아래 생각에 잠긴 뉴턴을 찾아보세요. 그리고 평화롭게 풀을 뜯는 양은 모두 몇 마리일까요?

산업혁명이 시작된 후, 영국의 많은 사람들은 농촌을 떠나 도시로 몰려들었어요. 도시에는 공장들이 들어서고 사람들은 노동자가 되어 기계의 부품처럼 온종일 일만 했지요. 그들은 좁고 어두운 공장 안에서 오랜 시간 노동에 시달렸어요. 공장에서 내뿜는 매연으로 하늘은 잿빛으로 물들었고, 환경 오염은 점점 더 심해져 갔답니다.

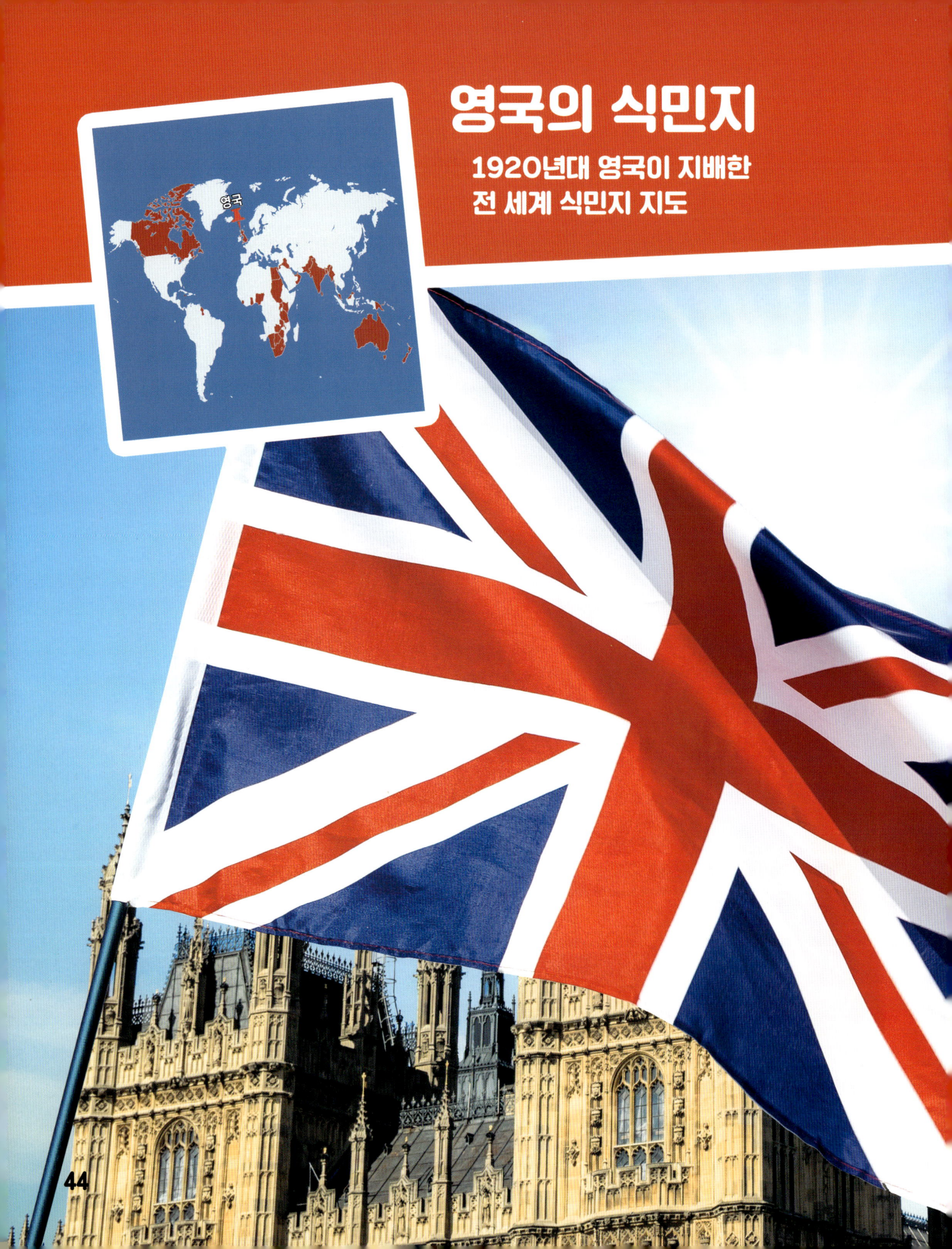

영국의 식민지

1920년대 영국이 지배한 전 세계 식민지 지도

대영 제국

전 세계 1/4의 땅을 차지했던 작은 섬나라

해가 지지 않는 나라 영국

대영 제국은 영국이 많은 다른 나라들을 지배했던 시기를 말해요. 영국이 제국을 만들기 시작한 것은 16세기입니다. 그들은 '제국'이라는 것을 만들어서 자신들의 권력을 세계 곳곳에 퍼트렸답니다. 이런 과정을 '제국주의'라고 불러요. 대영 제국이 가장 크게 성장했던 시기는 1922년으로, 당시 전 세계 4분의 1 정도의 땅에 사는 많은 사람들이 영국의 지배를 받았답니다.

영국의 제국주의

전 세계 1/4의 땅을 차지하며 세계 최강대국이 된 영국

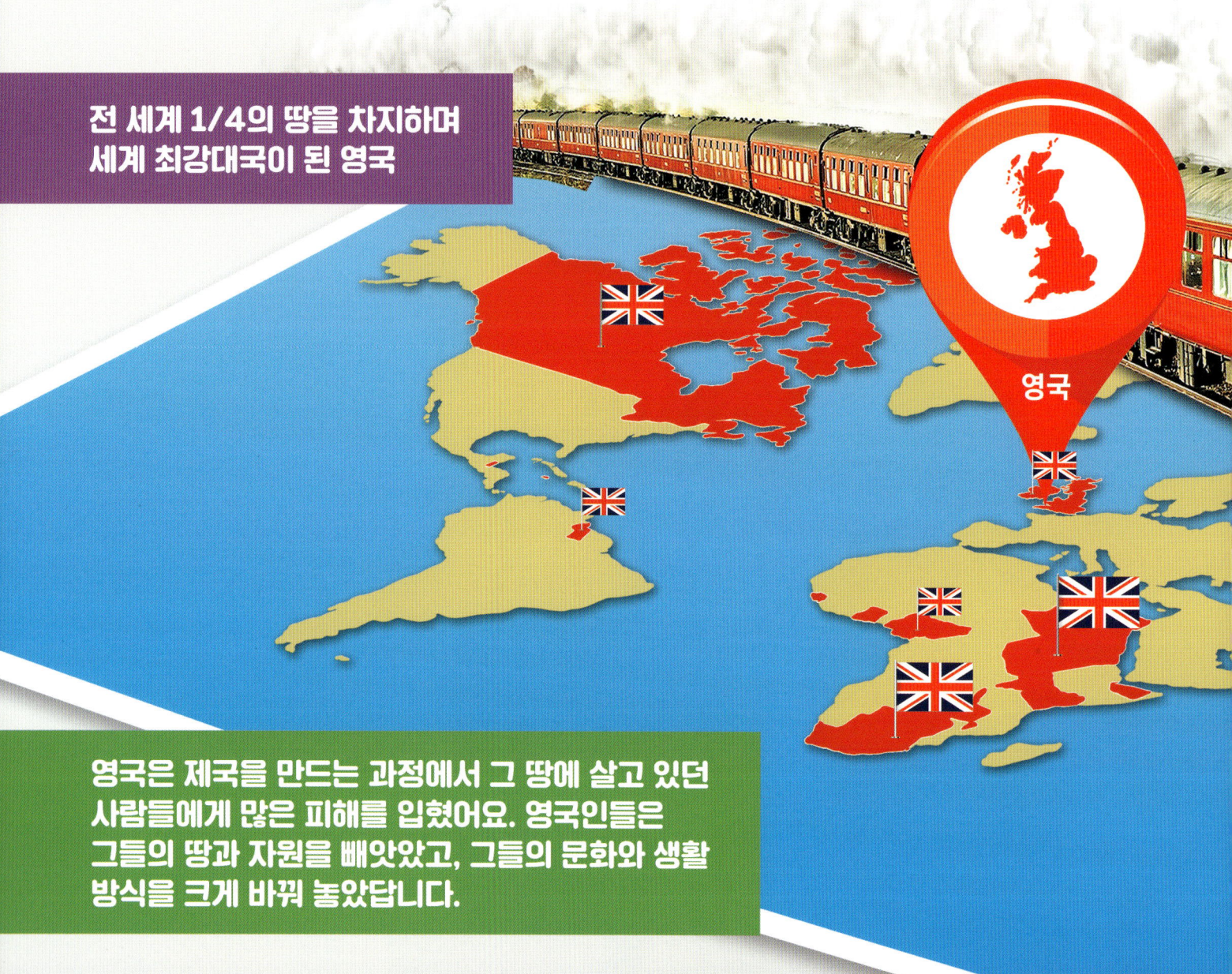

영국은 제국을 만드는 과정에서 그 땅에 살고 있던 사람들에게 많은 피해를 입혔어요. 영국인들은 그들의 땅과 자원을 빼앗았고, 그들의 문화와 생활 방식을 크게 바꿔 놓았답니다.

영국은 세계 곳곳에 식민지를 설립하고 광대한 영토를 지배하며 '해가 지지 않는 제국'이라는 별명을 얻기도 했어요.

증기기관의 발명은 식민지와 영국 사이의 거리를 가깝게 만들었어요.

식민지에서 생산된 물건들을 빠르게 유럽으로 옮기고 공장을 만들어 원주민의 노동력을 빼앗았지요.

47

제국주의의 어두운 그림자

제국주의는 마치 힘센 아이가 약한 아이를 괴롭히는 것과 비슷해요.

힘센 아이가 약한 아이의 장난감을 빼앗거나, 약한 아이를 자기 말만 듣게 하는 것처럼, 힘이 센 나라가 약한 나라를 지배하고 그 나라의 자원을 가져가는 것이에요.

제국주의는 공정하지 않고, 약한 나라에는 많은 문제를 일으켜요.

그래서 우리는 이런 행동을 잘못된 행동이라고 말하고, 더 나은 세상을 만들기 위해 노력해야 해요.

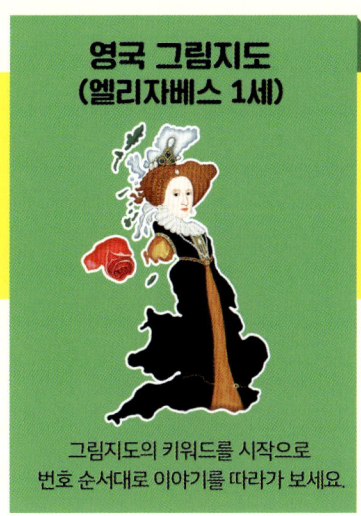

영국 그림지도 (엘리자베스 1세)

그림지도의 키워드를 시작으로 번호 순서대로 이야기를 따라가 보세요.

한 장의 그림으로 기억하는 영국 키워드

해가 지지 않는 나라, 산업혁명을 이끈 영국

엘리자베스 1세와 함께 산업혁명을 향해 힘차게 달려봐요.

엘리자베스 1세는 왕이라도 법에 따라 통치해야 한다는 '마그나 카르타'의 원칙을 지키며 나라를 다스리고, 세계 최강 스페인의 무적함대를 물리쳤어요. 스페인을 물리친 엘리자베스 1세는 이제 영국의 발전을 향해 힘차게 걸어가요.

영국의 발전은 새로운 생각이 싹트고 과학이 발전하면서 시작되었어요. 아이작 뉴턴은 '사과는 나무에서 떨어지는데 왜 달은 지구로 떨어지지 않을까?'라는 물음에서 출발해 만유인력의 법칙을 발견했어요. 뉴턴의 운동 법칙은 물체의 운동에 관한 모든 원리를 설명했지요. 찰스 다윈은 갈라파고스 제도의 생물들을 연구해 '모든 생물은 자연 선택을 통해 현재의 모습으로 진화했다'고 주장했답니다. 다윈의 주장은 신이 모든 것을 창조했다고 믿던 당시 유럽 사람들에게 큰 충격을 주었어요. 인간과 원숭이의 조상이 같다는 것은 상상하기도 힘든 일이었지요. 그러나 다윈의 진화론은 사람들의 생각을 변화시키고 사회의 다양한 분야에 영향을 주었답니다.

이제 뉴턴의 사과도, 다윈을 태운 갈라파고스 거북이도, <이상한 나라의 앨리스>의 토끼까지 빨리 달리기 시작해요. 산업혁명의 기차를 타야 하니까요. 산업혁명은 증기기관을 발명한 영국에서 처음 시작되었어요. 기술의 혁신과 발전으로 대량생산이 가능해지면서 농사를 짓고 살아가던 사람들의 생활은 공장에서 일하는 삶으로 급격하게 변화되었답니다.

산업혁명을 이끈 증기기관차는 빅벤을 지나 영국의 식민지를 향해 달려가요. 영국의 엄청난 번영과 발전 뒤에는 제국주의로 고통받은 많은 나라가 있었어요. 검은 연기를 뿜으며 달려가는 증기기관차에서 식민지배로 고통받는 아이를 찾아 어서 빨리 집으로 돌려보내 주세요.

그림지도로 기억하는 영국 지리

벨파스트는 북아일랜드의 수도로 타이타닉배가 만들어진 도시입니다.

에든버러는 스코틀랜드의 수도로 중세 시대부터 이어져 내려온 역사와 문화가 풍부한 도시입니다.

런던의 모습과 위치를 스티커로 붙여보세요.

스코틀랜드

에든버러

북아일랜드
벨파스트

웨일스
카디프

잉글랜드

런던

카디프는 웨일스의 수도로, 로마 시대부터 있었던 역사적인 도시입니다.

런던은 잉글랜드의 수도로 영국을 대표하는 도시입니다.

정답을 찾아보세요.

16 페이지

20 페이지

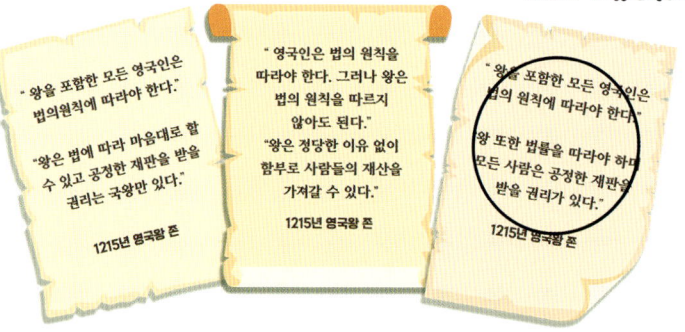

20 페이지

29 페이지

35 페이지

40-41 페이지

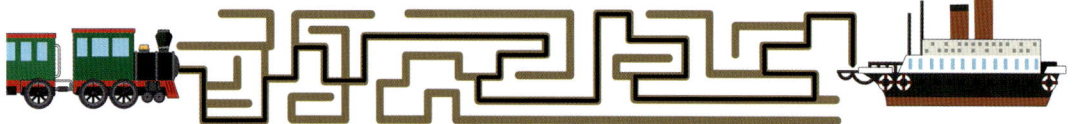

지도 위 쏙쏙 세계여행 액티비티북 영국

초 판 발 행	2024년 05월 10일 (인쇄 2024년 03월 20일)
발 행 인	박영일
책 임 편 집	이해욱
글 · 그 림	이안나
편 집 진 행	박종옥 · 정유진
표지디자인	박수영
편집디자인	하한우
발 행 처	시대인
공 급 처	(주)시대고시기획
출 판 등 록	제 10-1521호
주 소	서울시 마포구 큰우물로 75 [도화동 538 성지 B/D] 9F
전 화	1600-3600
팩 스	02-701-8823
홈 페 이 지	www.sdedu.co.kr
I S B N	979-11-383-6866-7 (74900)
정 가	13,000원

※ 이 책은 저작권법의 보호를 받는 저작물이므로 동영상 제작 및 무단전재와 배포를 금합니다.
※ 잘못된 책은 구입하신 서점에서 바꾸어 드립니다.

'시대인'은 종합교육그룹 '(주)시대고시기획 · 시대교육'의 단행본 브랜드입니다.

11 페이지

29 페이지

16-17 페이지

잉글랜드   웨일스

북아일랜드   스코틀랜드

32-33 페이지

34-35 페이지

40-41 페이지

52 페이지